NUESTRO SISTEMA SOL

MARTE

por Alissa Thielges

AMICUS

tierra

volcán

Busca estas palabras e imágenes mientras lees.

cráter

róver

¿Es una estrella roja?
No. ¡Es Marte!

Marte es un planeta.

Viaja alrededor del Sol.

Es el cuarto planeta más próximo al Sol.

Neptuno
Urano
Saturno
Júpiter

¿Ves la tierra?

Tiene hierro. El hierro se oxida.

Por eso la tierra es roja.

tierra

¿Ves el volcán?

Se llama monte Olimpo.

Es el más alto del sistema solar.

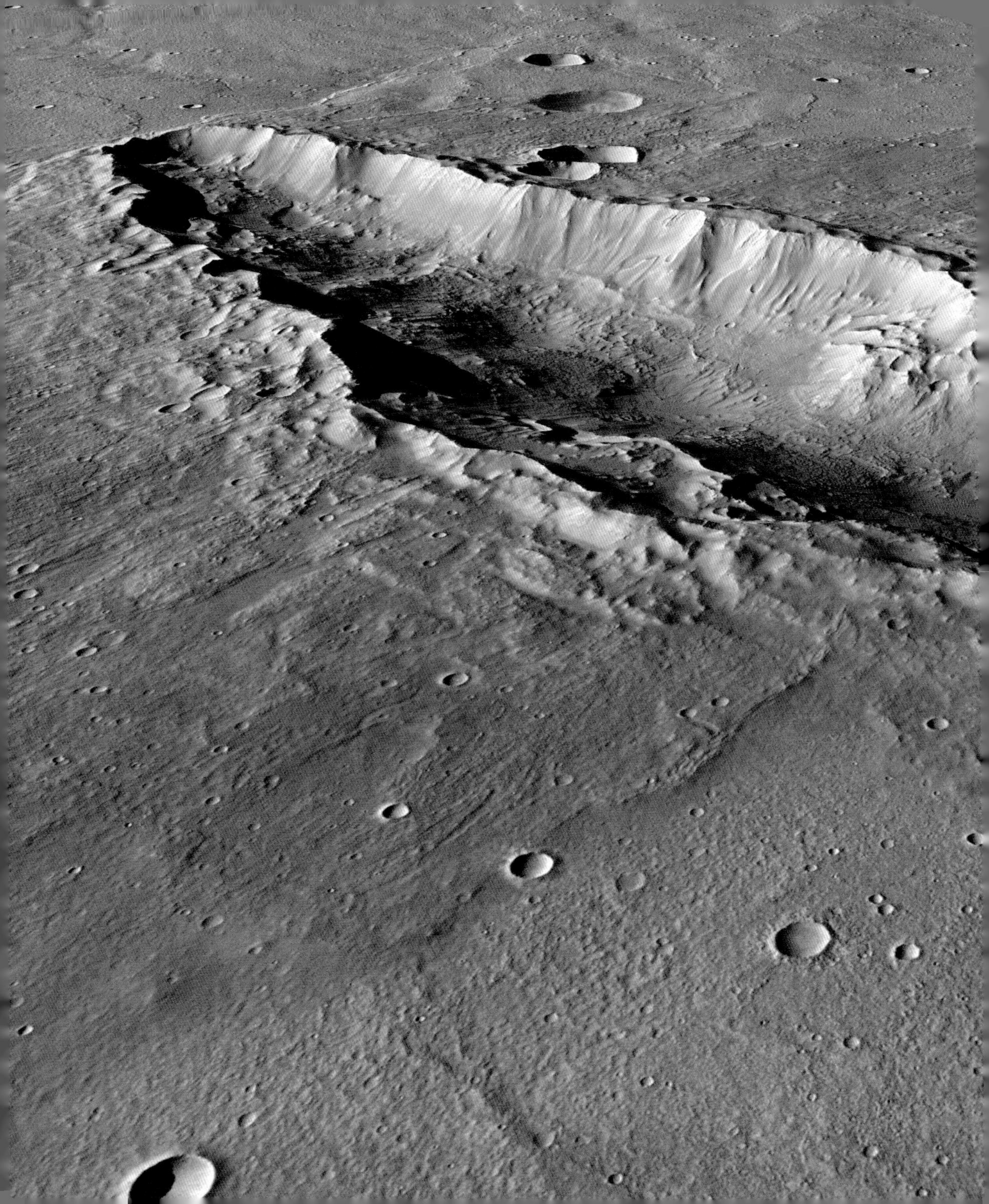

¿Ves el cráter?

Vino una piedra enorme del espacio.

Se estrelló en Marte. ¡Pum! Dejó un cráter.

¿Ves el róver? Está en Marte.

Recolecta rocas y tierra.

Estas se estudian cuando llegan a la Tierra.

róver

La gente estudia Marte. ¿Podremos vivir allí algún día? ¡Quizás!

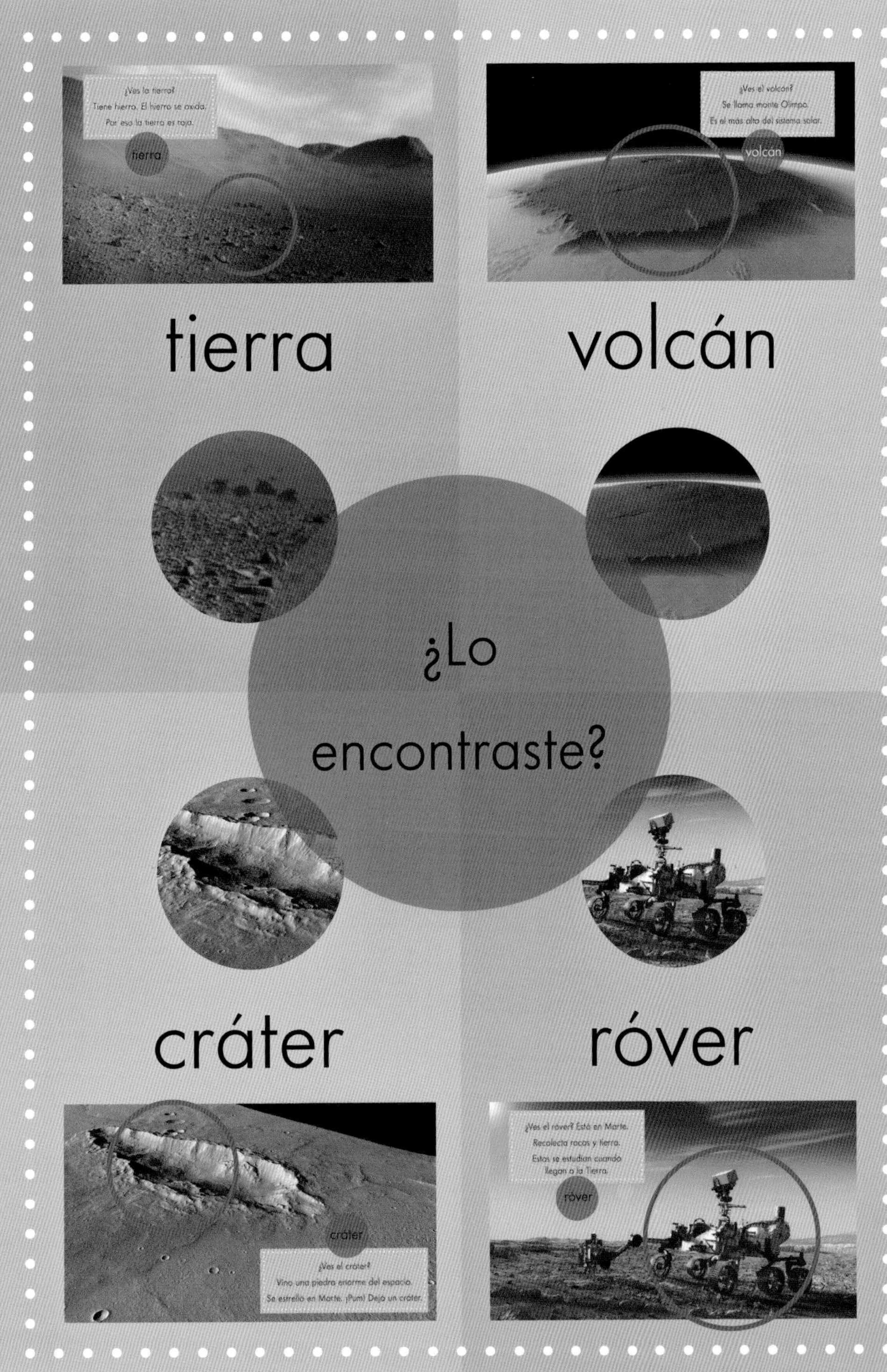
¿Ves la tierra?
Tiene hierro. El hierro se oxida.
Por eso la tierra es roja.
tierra
¿Ves el volcán?
Se llama monte Olimpo.
Es el más alto del sistema solar.
volcán
tierra
volcán
¿Lo encontraste?
cráter
róver
¿Ves el cráter?
Vino una piedra enorme del espacio.
Se estrelló en Marte. ¡Pum! Dejó un cráter.
cráter
¿Ves el róver? Está en Marte.
Recolecta rocas y tierra.
Estos se estudian cuando
llegan a la Tierra.
róver

Publicado por Amicus Learning, un sello de Amicus
P.O. Box 227, Mankato, MN 56002
www.amicuspublishing.us

Library of Congress Cataloging-in-Publication Data
Names: Thielges, Alissa, 1995– author.
Title: Marte / por Alissa Thielges.
Other titles: Mars. Spanish
Description: Mankato, MN : Amicus, [2024] | Series: Spot. Nuestro sistema solar | Audience: Ages 4–7 | Audience: Grades K–1 | Summary: "Mars—our mysterious neighbor in space. Early readers discover the red planet's key features and what makes it different from other planets in the solar system. Simple text and a search-and-find feature reinforce new science vocabulary in this North American Spanish translation"—Provided by publisher.
Identifiers: LCCN 2022049453 (print) | LCCN 2022049454 (ebook) | ISBN 9781645495857 (library binding) | ISBN 9781681529097 (paperback) | ISBN 9781645496151 (ebook)
Subjects: LCSH: Mars (Planet)—Juvenile literature.
Classification: LCC QB641 .T4518 2024 (print) | LCC QB641 (ebook) | DDC 523.43—dc23/eng20230106
LC record available at https://lccn.loc.gov/2022049453
LC ebook record available at https://lccn.loc.gov/2022049454

Impreso en China

Rebecca Glaser, editora
Deb Miner, diseñador de la serie
Lori Bye, diseñador de libro
Omay Ayres, investigación fotográfica

Créditos de Imágenes: Alamy/Stocktrek Images, Inc. 8–9; ESA/DLR/FU Berlin/G. Neukum 10-11; Getty/ewg3D 4-5, MARK GARLICK/SCIENCE PHOTO LIBRARY 6-7; NASA/JPL-Caltech/Mars Science Laboratory/14NASA/NASA/JPL/MSSS cover, 16; Shutterstock/Artsiom P 12–13, carlosramos1946 1; TWAN/Jeff Dai/3